Anne Bosre
Illustrations de Far

Les bons petits plats

ÉDITIONS SUD OUEST

Les ingrédients

SELON LA RECETTE QUE TU CHOISIRAS, TU POURRAS AVOIR BESOIN DES INGRÉDIENTS SUIVANTS :

citrouille, pommes de terre, poivrons orange, jaune et rouge, poireau, tomates cerises, salade

citron, pommes Canada grises

huiles d'arachide, d'olive et de friture

beurre, lait, crème fraîche

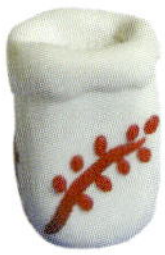

farine

œufs

pennes (ou autres pâtes), riz rond, chapelure

sel, poivre, gros sel, noix muscade

sucre en poudre, sucre vanillé

moutarde, Savora, sauce soja

concentré de tomates

saumon frais
grosses crevett

gruyère râpé, parmesan non râpé, gouda

restes de poulet, bœuf haché, lard fumé

ciboulette, thym et graines de fenouil, menthe fraîche, gousse d'ail

gelée de fruits rouges ou de coings

chocolat pâtissie
au lait, cacao no
sucré

Les ustensiles

POUR CHAQUE RECETTE, TU DEVRAS TOUJOURS GARDER PRÈS DE TOI LE MATÉRIEL DE BASE SUIVANT :

 une planche à découper,

un petit couteau de cuisine,  une cuillère en bois, 

des couverts,  un verre gradué (ou une balance). 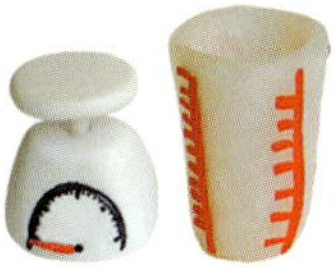

ENSUITE, SELON LA RECETTE QUE TU CHOISIRAS, TU POURRAS AVOIR BESOIN DES USTENSILES SUIVANTS :

casseroles et poêles

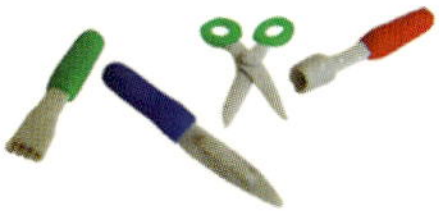

couteau zesteur (ou râpe), économe, paire de ciseaux, vide-pomme

bols, saladiers, ramequins, assiettes

passoire, presse-purée

grand plat rectangulaire, moule à soufflé, grand plat creux

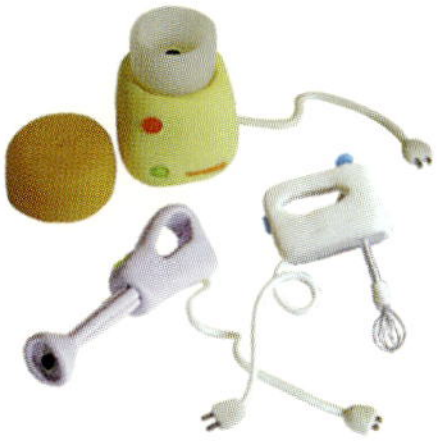

hachoir, mixeur, batteur électrique

papier d'aluminium, papier essuie-tout

spatules, fouet, piques en bois

Les précautions

Ce livre est destiné aux enfants, mais il suppose qu'ils soient toujours accompagnés, conseillés et surveillés par un adulte.

Organise-toi

- ★ Commence toujours par te laver soigneusement les mains.
- ★ Porte un tablier pour ne pas salir tes vêtements.
- ★ Nettoie le plan de travail avant et après l'avoir utilisé.
- ★ Lave et range le matériel après t'en être servi. Après ton passage, la cuisine ne doit pas ressembler à un champ de bataille !

- ★ Avant d'entamer une recette, lis-la d'abord en entier (ou demande à un adulte de le faire pour toi) pour voir si tu as assez de temps pour l'exécuter, puis réunis tous les ustensiles et ingrédients dont tu auras besoin.

Sois toujours prudent

- ★ Oriente toujours la queue des casseroles et des poêles à l'opposé de toi.
- ★ Évite de poser directement un plat chaud sur une surface froide pour ne pas le faire éclater.
- ★ Demande à un adulte d'être près de toi pour faire fonctionner un appareil électrique et n'oublie pas de le débrancher après utilisation.
- ★ Découpe toujours les ingrédients sur une planche en bois.

Ça brûle !

★ Utilise un gant ou une manique pour sortir les plats du four et demande à un adulte de t'aider.

★ Éteins le four, le gaz ou la plaque chauffante dès que la cuisson est terminée.

★ Ne touche pas les plaques électriques, car même éteintes elles restent chaudes longtemps.

★ Tiens-toi sur le côté du four quand tu ouvres la porte pour éviter les vapeurs de chaleur sur le visage.

★ Fais bien attention aux éclaboussures de friture d'huile ou de beurre.

★ Ne trempe jamais le doigt dans la casserole pour goûter si tu n'as pas laissé refroidir.

Ça coupe !

★ Manipule les ustensiles coupants avec beaucoup de précaution : prends-les toujours par le manche, non par la lame, et évite d'orienter la partie tranchante vers quelqu'un.

Les méthodes

On peut maintenir son livre ouvert à la bonne page avec deux élastiques. Sauf mention contraire, les plats sont conçus pour **4 personnes**.

Séparer le blanc du jaune de l'œuf

Il faut d'abord casser l'œuf vers le milieu d'un coup sec sur le bord d'un bol. Écarter ensuite délicatement les deux parties de coquille vers l'extérieur pour les séparer. Laisser couler le blanc au-dessus du bol et faire passer le jaune successivement d'une moitié de coquille à l'autre jusqu'à ce qu'il ne reste plus de blanc. Verser alors le jaune dans un autre bol.
On peut aussi le faire dans la main en retenant le jaune dans la paume et en laissant filer le blanc à travers les doigts au-dessus du bol. Si un peu de jaune s'est mélangé au blanc, le sortir avec une petite cuillère. Attention à ne pas faire tomber de coquille dans le saladier car elle peut contenir des microbes.

Monter les blancs en neige

Toujours ajouter une pincée de sel pour qu'ils soient fermes. Fouetter avec un batteur électrique à vitesse réduite d'abord, puis plus rapide. On peut également le faire au fouet, mais c'est plus long. Lorsqu'ils sont bien montés, les blancs en neige restent figés dans leur récipient et ne tombent pas si on les retourne.

Battre un œuf en omelette

Casser l'œuf dans une assiette creuse ou un bol et remuer énergiquement en soulevant à la fourchette ou au fouet pour bien aérer. Le jaune et le blanc doivent être parfaitement mélangés.

Prélever des zestes

Laver le citron ou l'orange et bien essuyer. Prendre un couteau zesteur (ou une râpe) et enlever de fins morceaux de peau.

Cuire au bain-marie

Sur le gaz ou sur une plaque de cuisson, utiliser deux casseroles de tailles différentes qui peuvent s'emboîter l'une dans l'autre. Remplir la plus grande d'eau jusqu'à la moitié. Dans la plus petite, mettre l'ingrédient à faire fondre (le chocolat, par exemple) et la disposer dans le fond d'eau. Faire chauffer doucement sans faire bouillir ni déborder.

Au four, il faut suivre la même méthode, mais avec des plats à la place des casseroles : remplir d'eau le plus grand jusqu'aux deux tiers et mettre le plus petit dedans.

Beurrer un moule

Prendre une noisette de beurre avec le bout des doigts ou un morceau du papier d'emballage du beurre et bien l'étaler sur le moule.

Vérifier la cuisson au four

Pour voir si un soufflé, un gâteau ou un cake est cuit, il faut piquer un couteau dedans. Si la pointe ressort propre, c'est prêt. Sinon, il faut prolonger un peu le temps de cuisson.

Soupe de Cendrillon

INGRÉDIENTS

- 1 CITROUILLE MOYENNE (OU POTIRON)
- 2 POMMES DE TERRE
- 50 G DE BEURRE
- 1/2 L DE LAIT
- 1/4 L D'EAU
- GROS SEL, POIVRE, NOIX MUSCADE
- 1 C. À CAFÉ DE CRÈME LIQUIDE

MATÉRIEL

- 1 GRANDE CASSEROLE
- 1 ÉCONOME
- 1 MIXEUR

PRÉPARATION 30 minute
CUISSON 30 minutes

Creuse l'intérieur du potiron avec une cuillère à soupe, sans abîmer les bords. Coupe les morceaux de pulpe en dés en enlevant les graines.

Épluche les pommes de terre et coupe-les aussi en morceaux.

Dans une grande casserole, fais fondre le beurre, ajoute les légumes et fais revenir 5 minutes.

Mouille avec le lait et l'eau, sale. Fais cuire à feu moyen pendant 25 minutes.

Hors du feu, passe la préparation au mixeur. Ajoute le poivre, un nuage de muscade et une goutte de crème liquide au centre.

Pour servir, utilise l'écorce de la citrouille comme soupière.

Œufs mimosa

Ingrédients

- 5 œufs à température ambiante
- sel, poivre
- 1/4 l d'huile d'arachide
- 1 c. à café de moutarde à température ambiante
- 3 brins de ciboulette

Matériel

- 1 casserole moyenne
- 2 bols
- 1 batteur électrique
- 1 paire de ciseaux

Préparation 15 minutes
Cuisson 15 minutes

Mets de l'eau à chauffer.
Quand elle bout,
plonge délicatement 4 œufs
dedans et laisse-les cuire
12 minutes pour en faire
des œufs durs.

Quand ils sont cuits,
égoutte-les,
mets-les à refroidir
dans de l'eau bien froide,
puis enlève la coquille.

Coupe chaque œuf en deux,
sors les jaunes
avec une petite cuillère
et réserve-les dans un bol.

Prépare la mayonnaise:
sépare le blanc et le jaune
du dernier œuf cru et jette
le blanc. Verse le jaune
dans un bol avec le sel,
le poivre, la moutarde,
et mélange le tout.

Fais monter la mayonnaise
au batteur électrique
ou au fouet (c'est plus
difficile et plus long) en
ajoutant l'huile petit à petit.
La mayonnaise va prendre.

Ajoute les jaunes d'œufs durs
et touille avec une fourchette.
Remplis les moitiés
de blancs avec ce mélange
et parsème de ciboulette
coupée menue aux ciseaux.

Brochettes de la mer

INGRÉDIENTS
(POUR 4 BROCHETTES)

- 1 TRANCHE DE SAUMON FRAIS
- 8 GROSSES CREVETTES
- 1 POIVRON ORANGE OU JAUNE
- 50 G DE GOUDA
- 1 CITRON
- 3 C. À SOUPE D'HUILE D'OLIVE
- SEL, POIVRE
- THYM OU GRAINES DE FENOUIL (FACULTATIF)

MATÉRIEL

- 1 GRAND PLAT RECTANGULAIRE
- 4 PIQUES EN BOIS
- PAPIER D'ALUMINIUM
- PAPIER ESSUIE-TOUT

PRÉPARATION 20 minute
CUISSON 10 minutes

Lave et essuie le saumon.
Taille-le en cubes de 3 cm.
Ouvre le poivron en deux,
ôte les graines et le blanc,
puis découpe-le en dés.
Découpe le gouda en cubes.
Coupe la tête des crevettes.

Sur une pique en bois,
enfile un carré de saumon,
un de poivron et un de
gouda. Recommence jusqu'à
remplir les brochettes
en commençant et terminant
toujours par une crevette.

Coupe le citron en rondelles
et dispose-les dans
un grand plat; verse dessus
l'huile d'olive, ajoute le sel,
le poivre et, si tu veux,
un peu de thym ou quelques
graines de fenouil.

Pose les brochettes
dans cette marinade
et laisse-les tremper
10 minutes environ en les
tournant plusieurs fois.

Fais chauffer le gril
du four. Mets les brochettes
à dorer sur la grille
5 minutes de chaque côté,
avec du papier d'aluminium
en bas du four pour protéger.

Retire-les du four
et sers-les arrosées
de la marinade.

Croquettes de poulet

INGRÉDIENTS

(POUR 15 CROQUETTES ENVIRON)

- 100 G DE RESTES DE POULET
- 6 POMMES DE TERRE MOYENNES
- 2 À 3 C. À SOUPE DE LAIT
- 1 C. À SOUPE DE CRÈME FRAÎCHE
- 50 G DE GRUYÈRE RÂPÉ
- 1 ŒUF
- 1 BOL DE CHAPELURE
- 25 G DE BEURRE

\+ 1 NOISETTE POUR LA POÊLE

- 2 C. À SOUPE D'HUILE DE FRITURE
- SEL, POIVRE

MATÉRIEL

- 1 CASSEROLE MOYENNE
- 1 PASSOIRE
- 1 PRESSE-PURÉE
- 1 ÉCONOME
- 2 ASSIETTES CREUSES
- 1 POÊLE
- 1 HACHOIR
- 1 SALADIER
- PAPIER ESSUIE-TOUT

PRÉPARATION 20 minut

CUISSON 35 minutes

Pèle les pommes de terre, lave-les. Fais bouillir de l'eau salée dans une casserole et plonge-les dedans 20 minutes environ (elles doivent être tendres).

Égoutte-les, puis écrase-les au presse-purée dans un saladier en versant le lait. Sale, poivre, ajoute 25 g de beurre et laisse refroidir.

Passe les restes de poulet dans un hachoir et incorpore-les à la purée avec une cuillère en bois. Ajoute la crème fraîche et le gruyère râpé.

Verse la chapelure dans une assiette. Dans la seconde assiette, casse un œuf et bats-le en omelette avec une fourchette.

Avec la préparation purée-poulet, forme des croquettes roulées avec les doigts. Passe-les d'abord dans l'œuf, puis dans la chapelure.

Fais chauffer la noisette de beurre et l'huile dans une poêle, fais-y dorer les croquettes 2 ou 3 minutes de chaque côté. Égoutte sur du papier essuie-tout.

Boulettes de bœuf sauce aigre-douce

Matériel

- 1 saladier
- 3 assiettes (2 creuses et 1 plate)
- 1 poêle
- 1 bol
- 1 paire de ciseaux
- papier essuie-tout

Ingrédients

- 400 g de bœuf haché
- 1 gousse d'ail hachée
- 1 c. à soupe de farine
- 25 g de gruyère râpé
- 3 branches de menthe fraîche
- 1 bol de chapelure
- 2 c. à soupe d'huile d'arachide
- 10 g de beurre
- 1 c. à café de Savora
- 2 c. à soupe d'huile d'oli
- 1 c. à café de sauce soja
- 1 c. à soupe de concentre de tomates
- sel, poivre
- 1 œuf
- 1 salade

Préparation 20 minute
Cuisson 5 minutes

Dans un saladier,
mélange la viande, l'ail
haché, la farine, le gruyère
et la menthe coupée menue
avec les ciseaux.
Sale et poivre.

Casse un œuf
dans une assiette creuse
et bats-le à la fourchette.
Dans la deuxième assiette,
verse la chapelure.

Forme des boulettes
de viande avec les doigts,
passe-les ensuite rapidement
dans l'œuf, puis dans
la chapelure. Dépose-les
dans l'assiette plate.

Fais chauffer le beurre
et l'huile d'arachide
dans une poêle. Mets les
boulettes à dorer 5 minutes
en les tournant souvent.
Égoutte sur du papier
essuie-tout.

Dans un petit bol, mélange
la Savora, le concentré
de tomates et la sauce soja.
Sale, poivre et bats le tout
avec une fourchette
en incorporant l'huile d'olive.

Sers les boulettes
sur des feuilles de salade
et la sauce à part.

Soufflé au fromage

Ingrédients

- 60 g de beurre
+ 1 noisette pour le moule
- 60 g de farine
- 1/3 l de lait
- 4 œufs
- 100 g de gruyère râpé
- sel, poivre du moulin
- noix muscade

Matériel

- 1 petite casserole
- 1 fouet
- 2 saladiers
- 1 batteur électrique
- 1 moule à soufflé

Préparation 35 minutes
Cuisson 50 minutes

Prépare la béchamel : fais fondre le beurre à feu doux dans une petite casserole. Incorpore la farine et mélange au fouet ; il ne faut plus voir de beurre.

Verse le lait froid peu à peu en remuant fort du centre vers le bord. Laisse un peu épaissir. Sale, poivre, donne un tour de noix muscade.

Verse dans un saladier et laisse tiédir. Sépare les blancs et les jaunes des œufs. Mets les blancs dans un saladier, mélange les jaunes un à un dans la béchamel.

Ajoute les 3/4 du fromage râpé à la béchamel et remue bien. Préchauffe le four à 180 °C (thermostat 6). Bats les blancs en neige très fermes avec une pincée de sel.

Ajoute-les délicatement à la préparation en soulevant avec la cuillère en bois pour ne pas les casser. Beurre le moule et verse la préparation dedans sans aller jusqu'en haut.

Saupoudre du fromage restant. Fais cuire 40 minutes à four chaud, sans ouvrir. Vérifie si le soufflé est cuit et mange-le aussitôt, sinon il retombe !

Pennes colorées

INGRÉDIENTS
- 350 G DE PENNES (OU AUTRES PÂTES)
- 1 POIREAU
- 1 POIVRON ROUGE
- TOMATES CERISES
- 100 G DE LARD FUMÉ
- 10 CL DE CRÈME FRAÎCHE LIQUIDE
- 100 G DE PARMESAN NON RÂPÉ
- SEL, POIVRE
- 2 C. À SOUPE D'HUILE D'OLIVE

MATÉRIEL
- 1 POÊLE
- 1 GRANDE CASSEROLE
- 1 PASSOIRE
- 1 GRAND PLAT CREUX
- 1 ÉCONOME

PRÉPARATION 20 minutes
CUISSON 25 minutes

Ouvre le poivron en deux,
enlève les graines
et le blanc, puis découpe-le
en fines lamelles.

Enlève les pointes
vert foncé et le bout
avec les racines du poireau,
puis lave-le. Coupe-le
en tronçons fins.

Fais revenir doucement
les légumes dans une poêle
avec l'huile d'olive.
Verse un verre d'eau
et laisse réduire pendant
environ un quart d'heure.

Pendant ce temps,
mets 2 litres d'eau salée à
chauffer dans une casserole.
Quand elle bout,
plonge les pâtes dedans
et fais cuire selon le temps
indiqué sur le paquet.

Ajoute le lard fumé dans
les légumes et laisse dorer
5 minutes encore.
Verse la crème
dans un plat creux.

Égoutte les pennes
et répands-les dessus avec
les légumes et les tomates
cerises coupées en deux.
Sers avec des lamelles
de parmesan coupées
avec un économe.

Riz au lait

Ingrédients

- 175 g de riz rond
- 3/4 l de lait
- 125 g de sucre en poudre
- 1 citron
- 1 œuf extra-frais

Matériel

- 1 casserole moyenne
- 1 couteau zesteur (ou râpe)
- 1 passoire
- ramequins

Préparation 20 minutes
Attente 1 heure
Cuisson 40 minutes

Fais bouillir de l'eau salée dans une casserole, plonges-y le riz pendant 5 minutes, puis égoutte-le et rince-le.

Dans la même casserole, mets le lait à chauffer, fais-le bouillir, puis verses-y le riz en pluie.

Laisse cuire très doucement pendant 25 minutes en remuant de temps en temps.

Ensuite, prélève les zestes de citron et ajoute-les au riz, avec le sucre. Touille et laisse cuire encore 5 minutes. Il doit rester un peu de lait.

Laisse refroidir 5 minutes, puis sépare le blanc et le jaune de l'œuf. Jette le blanc et incorpore le jaune dans le riz. Mélange bien.

Verse le riz dans des ramequins. Lorsqu'ils sont tièdes, mets-les 1 heure au réfrigérateur avant de servir.

Pommes au four

Ingrédients

- 4 pommes Canada grises
- 4 noisettes de beurre
- 4 c. à café de sucre vanillé
- 1/2 verre d'eau
- gelée de fruits rouges ou de coings

Matériel

- vide-pomme
- plat à four

Préparation 10 minutes
Cuisson 15 à 20 minutes

Préchauffe le four
à 180 °C (thermostat 6).

Lave les pommes
soigneusement
et essuie-les.

Retire le cœur avec
le vide-pomme,
sans percer le fond.

Remplis l'intérieur
de chaque trou avec
une noisette de beurre,
une cuillère à café de sucre
vanillé et une de gelée
de fruits rouges ou de coings.

Mets-les dans un plat
allant au four
avec un peu d'eau au fond
et fais cuire 15 à 20 minutes.

Surveille pour que la peau
n'éclate pas.
Sers-les tièdes.

Mousse au chocolat au lait

Matériel

- 2 casseroles (1 petite et 1 moyenne)
- 1 batteur électrique
- 1 saladier
- 1 grand bol
- ramequins

Ingrédients

- 250 g de chocolat pâtissier au lait
- 4 œufs extra-frais
- 1 pincée de sel
- 1/2 c. à café de cacao non sucré

Préparation 20 minut
Attente 4 heures
Cuisson 10 minutes

Fais fondre le chocolat
au bain-marie avec
2 cuillères à soupe d'eau
jusqu'à ce qu'il soit bien
lisse. Sors-le du feu
et ajoute le cacao.
Laisse refroidir 5 minutes.

Casse les œufs et sépare
les blancs des jaunes.
Réserve les blancs
dans un grand bol et verse
les jaunes un par un
dans le chocolat.

Mélange avec
une cuillère en bois,
puis verse la préparation
dans un saladier.

Bats les blancs en neige
très fermes
avec une pincée de sel.

Mélange-les délicatement
au chocolat en les soulevant
pour ne pas les casser.

Répartis la mousse
dans des ramequins
et laisse prendre 4 heures
au réfrigérateur.

Table des matières

Bon appétit!